Impressum
Verlag: BABADADA GmbH, Nedderfeld 112 , 22529 Hamburg
Geschäftsführer / Verlagsleitung: Harald Hof
Druck: Books on Demand GmbH, In de Tarpen 42, 22848 Norderstedt

Imprint
Publisher: BABADADA GmbH, Nedderfeld 112 , 22529 Hamburg, Germany
Managing Director / Publishing direction: Harald Hof
Print: Books on Demand GmbH, In de Tarpen 42, 22848 Norderstedt

escuela
koulu

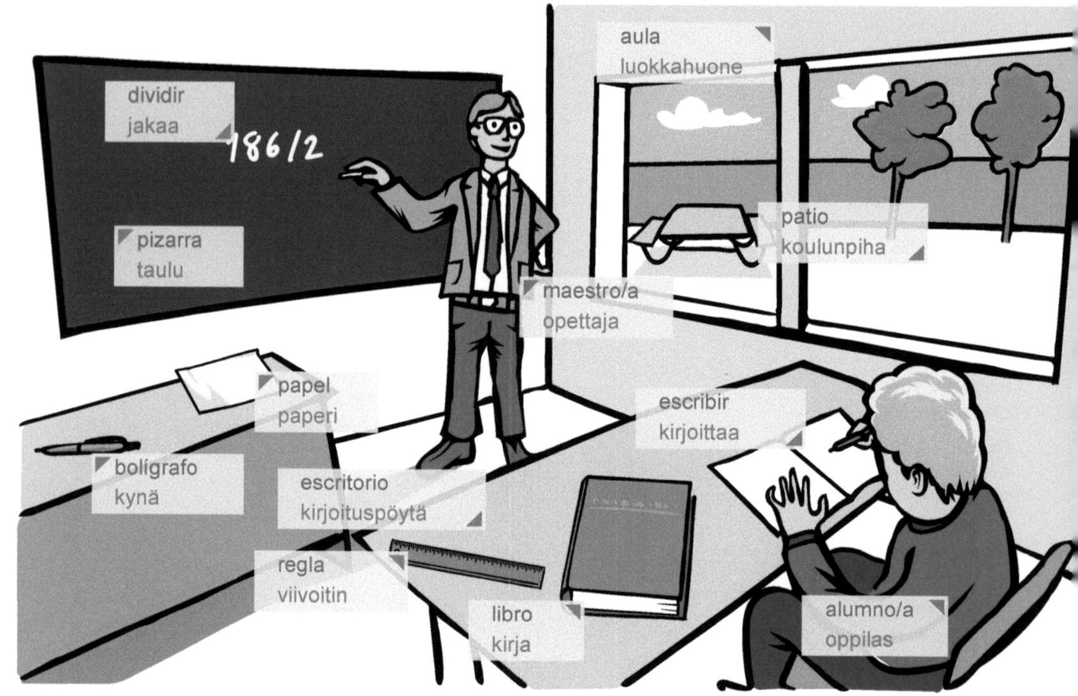

aula
luokkahuone
dividir
jakaa
186/2
pizarra
taulu
patio
koulunpiha
maestro/a
opettaja
papel
paperi
escribir
kirjoittaa
bolígrafo
kynä
escritorio
kirjoituspöytä
regla
viivoitin
libro
kirja
alumno/a
oppilas

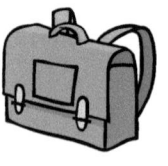

cartera

reppu

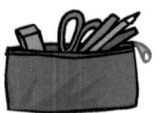

caja de lápices

penaali

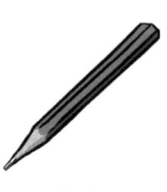

lápiz

lyijykynä

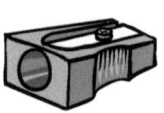

sacapuntas

kynänteroitin

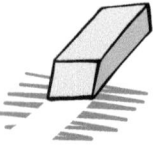

goma de borrar

pyyhekumi

cuaderno de dibujo

piirustuslehtiö

dibujo

piirustus

pincel

pensseli

caja de pinturas

vesivärit

tijeras

sakset

pegamento

liima

cuaderno de ejercicios

harjoituskirja

deberes

kotitehtävä

número

luku

sumar

lisätä

restar

vähentää

multiplicar

kertoa

calcular

laskea

letra

kirjain

alfabeto

aakkoset

palabra

sana

texto
....
teksti

leer
....
lukea

tiza
....
liitu

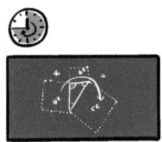

lección
....
oppitunti

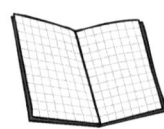

cuaderno de notas
....
opettajan muistikirja

examen
....
koe

certificado
....
todistus

uniforme escolar
....
koulupuku

educación
....
koulutus

enciclopedia
....
sanakirja

universidad
....
yliopisto

microscopio
....
mikroskooppi

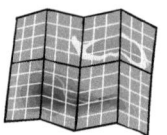

mapa
....
kartta

papelera
....
roskakori

viaje

matka

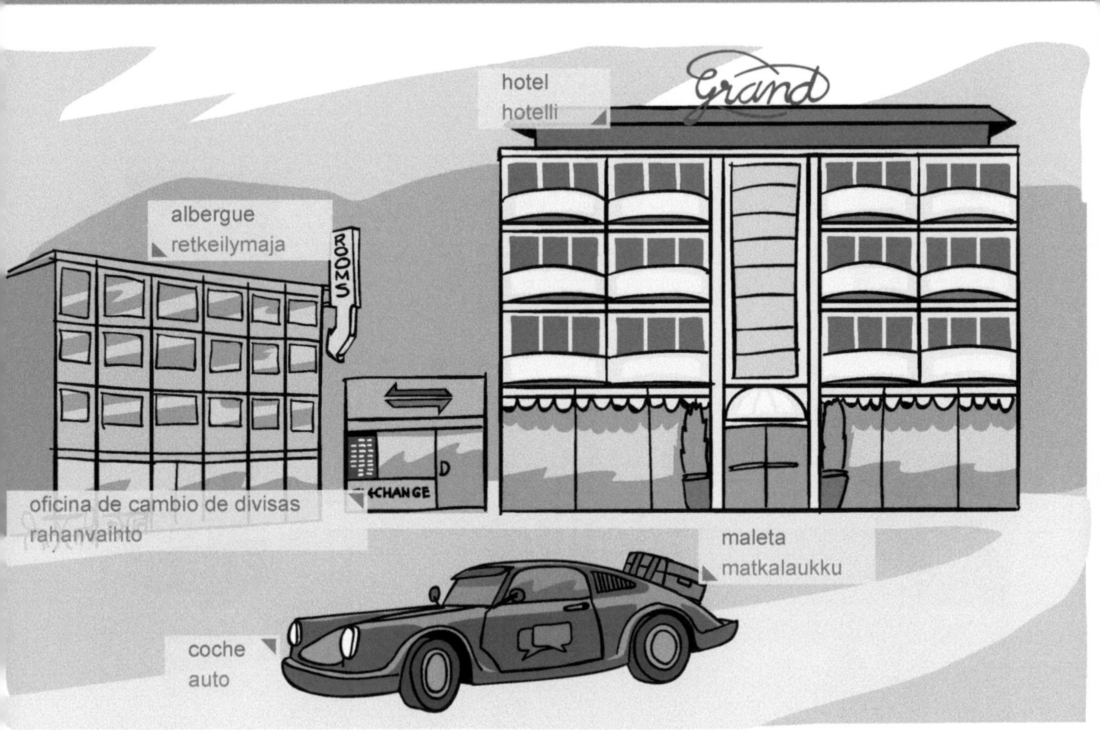
hotel
hotelli
Grand
albergue
retkeilymaja
ROOMS
oficina de cambio de divisas
rahanvaihto
maleta
matkalaukku
coche
auto

idioma

kieli

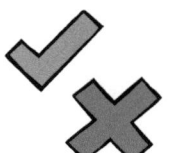

sí / no

kyllä / ei

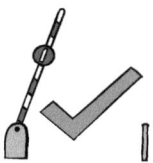

Vale

selvä

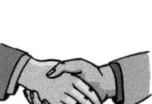

hola

hei

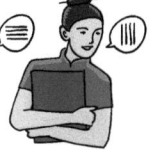

traductor

tulkki

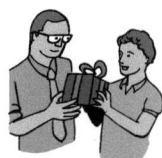

Gracias

kiitos

¿cuánto es...?

Paljonko...maksaa?

No entiendo

en ymmärrä

problema

ongelma

¡Buenas tardes!

Hyvää iltaa!

¡Buenos días!

Hyvää huomenta!

¡Buenas noches!

Hyvää yötä!

adiós

näkemiin

dirección

suunta

equipaje

matkatavarat

bolsa

laukku

mochila

reppu

invitado

vieras

habitación

huone

saco de dormir

makuupussi

tienda de campaña

teltta

información turística

turisti-info

playa

ranta

tarjeta de crédito

luottokortti

desayuno

aamupala

almuerzo

lounas

cena

päivällinen

billete

matkalippu

ascensor

hissi

sello

postimerkki

frontera

raja

aduana

tulli

embajada

suurlähetystö

visa

viisumi

pasaporte

passi

transporte
kuljetus

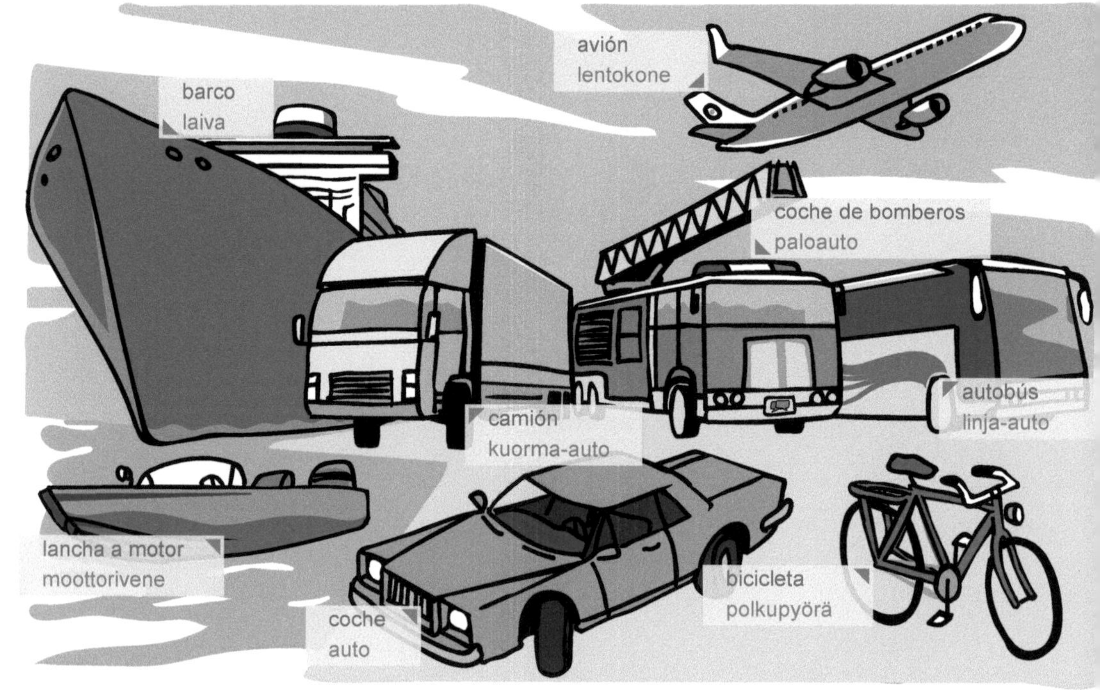
avión
lentokone
barco
laiva
coche de bomberos
paloauto
autobús
linja-auto
camión
kuorma-auto
lancha a motor
moottorivene
bicicleta
polkupyörä
coche
auto

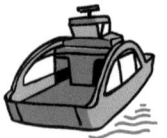

transbordador

lautta

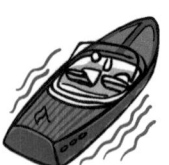

barca

vene

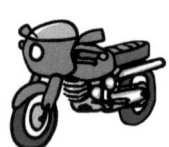

moto

moottoripyörä

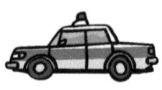

coche de policía

poliisiauto

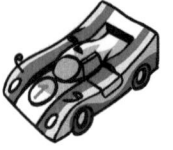

coche de carreras

kilpa-auto

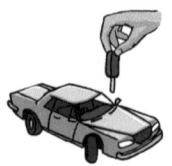

coche de alquiler

vuokra-auto

préstamo de vehículos

car sharing

grúa

hinausauto

camión de la basura

roska-auto

motor

moottori

gasolina

polttoaine

gasolinera

huoltoasema

señal de tráfico

liikennemerkki

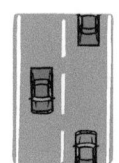

tráfico

liikenne

atasco

ruuhka

aparcamiento

parkkipaikka

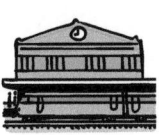

estación de tren

rautatieasema

vías

raiteet

tren

juna

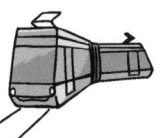

tranvía

raitiovaunu

vagón

vaunu

helicóptero

helikopteri

aeropuerto

lentokenttä

torre

lähilennonjohto

pasajero

matkustaja

contenedor

kontti

caja de cartón

pahvilaatikko

carretilla

kärryt

cesta

kori

despegar / aterrizar

nousta / laskea

ciudad
kaupunki

pueblo

kylä

centro de ciudad

keskusta

casa

talo

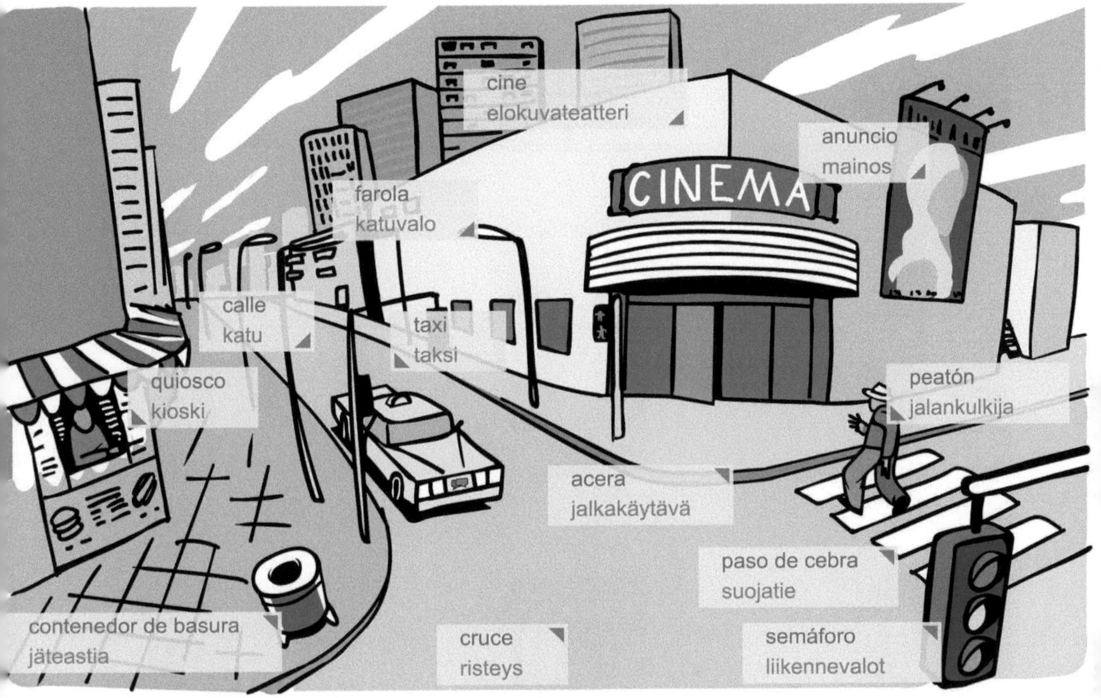

cine
elokuvateatteri

anuncio
mainos

farola
katuvalo

calle
katu

taxi
taksi

quiosco
kioski

peatón
jalankulkija

acera
jalkakäytävä

paso de cebra
suojatie

contenedor de basura
jäteastia

cruce
risteys

semáforo
liikennevalot

CINEMA

cabaña
mökki

apartamento
kerrostalo

estación de tren
rautatieasema

ayuntamiento
kaupungintalo

museo
museo

escuela
koulu

universidad
yliopisto

banco
pankki

hospital
sairaala

hotel
hotelli

farmacia
apteekki

oficina
toimisto

librería
kirjakauppa

tienda
liike

floristería
kukkakauppa

supermercado
supermarketti

mercado
tori

grandes almacenes
tavaratalo

pescadería
kalakauppias

centro comercial
ostoskeskus

puerto
satama

parque
puisto

banco
penkki

puente
silta

escaleras
portaat

metro
metro

túnel
tunneli

parada de autobús
linja-autopysäkki

bar
baari

restaurante
ravintola

buzón
postilaatikko

poste indicador
katukyltti

parquímetro
parkkimittari

zoo
eläintarha

piscina
uimala

mezquita
moskeija

ciudad - kaupunki

granja

maatila

contaminación

ympäristön saastuminen

cementerio

hautausmaa

iglesia

kirkko

patio de juego

leikkikenttä

templo

temppeli

paisaje

maisema

hoja
lehti

señal
tienviitta

camino
tie

prado
niitty

piedra
kivi

árbol
puu

excursionista
retkeilijä

río
joki

hierba
ruoho

flor
kukka

valle
laakso

colina
vuori

lago
järvi

bosque
metsä

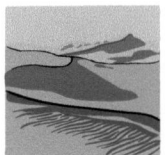

desierto
aavikko

volcán
tulivuori

castillo
linna

arcoíris
sateenkaari

champiñón
sieni

palmera
palmu

mosquito
hyttynen

mosca
kärpänen

hormiga
muurahainen

abeja
mehiläinen

araña
hämähäkki

escarabajo
kovakuoriainen

rana
sammakko

ardilla
orava

erizo
siili

liebre
jänis

lechuza
pöllö

pájaro
lintu

cisne
joutsen

jabalí
villisika

ciervo
peura

alce
hirvi

presa
pato

turbina eólica
tuulimylly

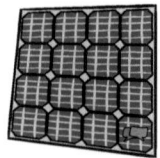

panel solar
aurinkopaneeli

clima
ilmasto

restaurante
ravintola

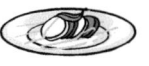

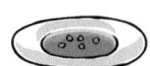

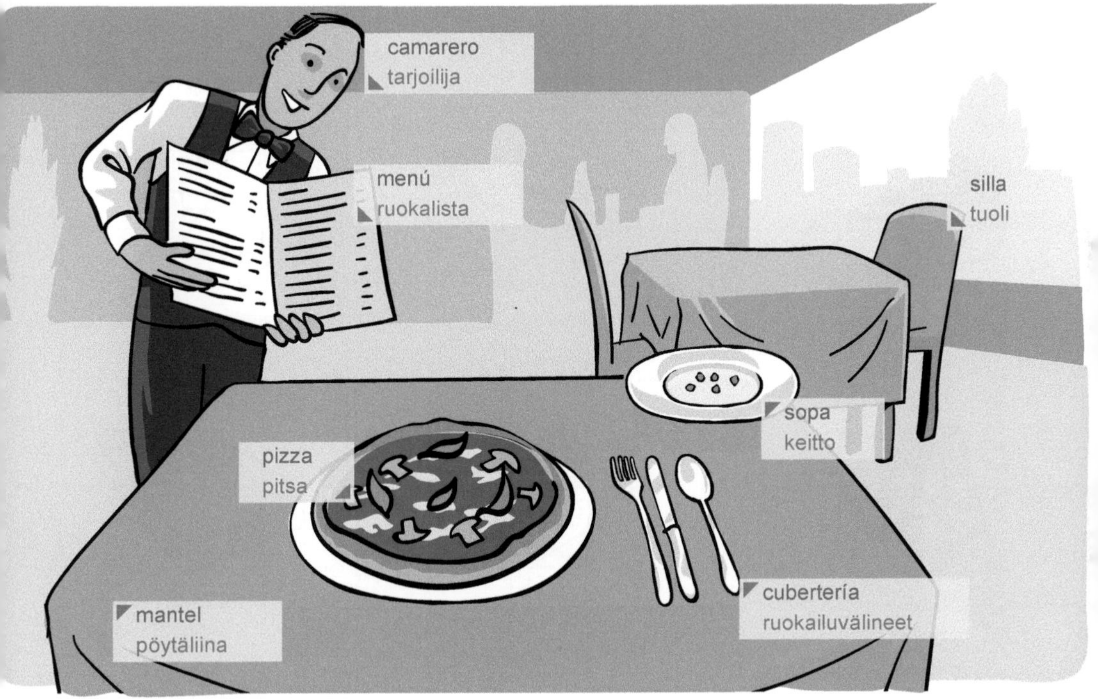
camarero
tarjoilija
menú
ruokalista
silla
tuoli
sopa
keitto
pizza
pitsa
cubertería
ruokailuvälineet
mantel
pöytäliina

primer plato
alkuruoka

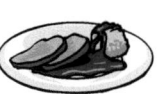

plato principal
pääruoka

postre
jälkiruoka

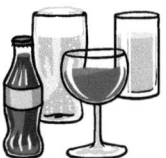

bebidas
juomat

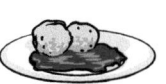

comida
ruoka

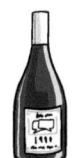

botella
pullo

comida rápida

pikaruoka

comida callejera

katuruoka

tetera

teekannu

azucarero

sokeriastia

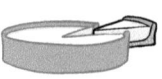

porción

annos

cafetera expreso

espressokeitin

trona

syöttötuoli

cuenta

lasku

bandeja

tarjotin

cuchillo

veitsi

tenedor

haarukka

cuchara

lusikka

cucharilla

teelusikka

servilleta

servietti

vaso

lasi

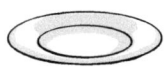

plato

lautanen

plato hondo

syvä lautanen

platillo

aluslautanen

salsa

kastike

salero

suolasirotin

molinillo de pimienta

pippurimylly

vinagre

etikka

aceite

öljy

especias

mausteet

ketchup

ketsuppi

mostaza

sinappi

mayonesa

majoneesi

supermercado

supermarketti

oferta especial
tarjous
FOR
cliente
asiakas
lácteos
maitotuotteet
fruta
hedelmät
carro de la compra
ostoskärryt

BUTCHERS

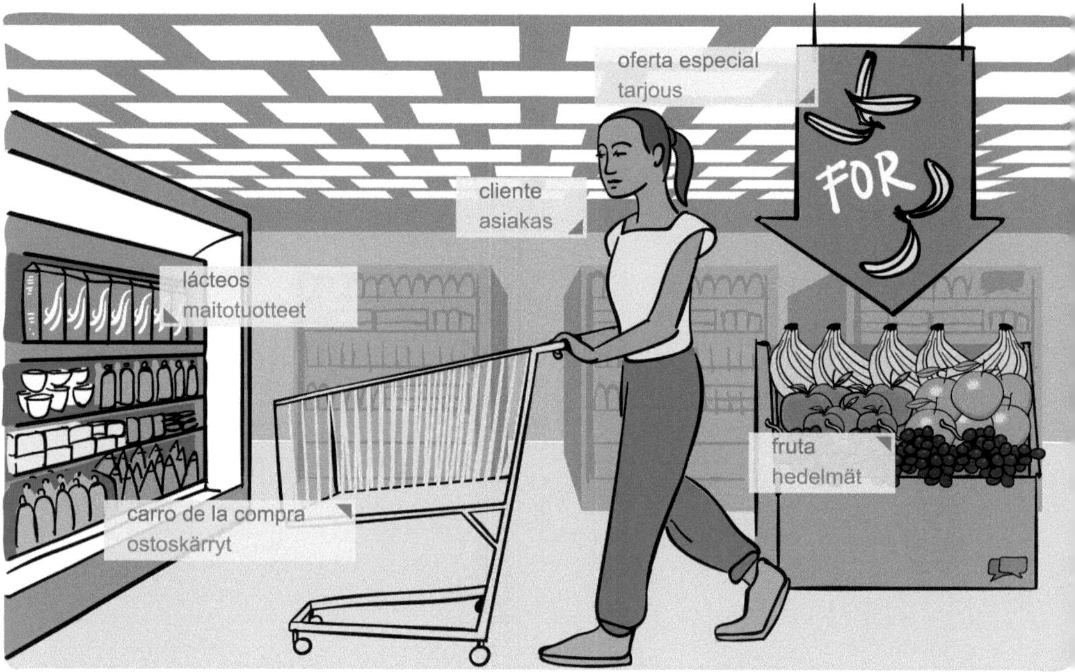

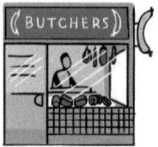

carnicería

teurastamo

BAKERY

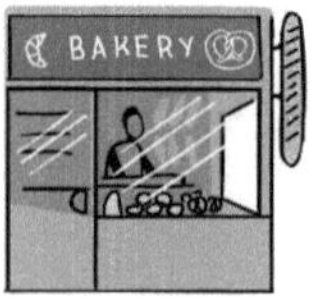

panadería

leipomo

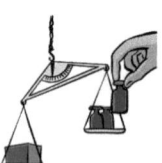

pesar

punnita

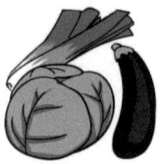

verduras

kasvikset

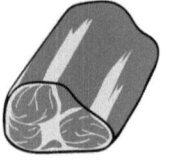

carne

liha

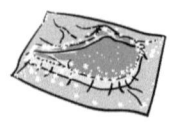

alimentos congelados

pakasteet

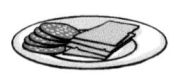

fiambres

leikkele

conservas

säilykkeet

detergente en polvo

pesujauhe

dulces

makeiset

productos de uso doméstico

kotitaloustarvikkeet

productos de limpieza

puhdistusaineet

vendedora

myyjä

caja

kassa

cajero

kassanhoitaja

lista de la compra

ostoslista

horario de atención al público

aukioloajat

cartera

lompakko

tarjeta de crédito

luottokortti

bolsa

kassi

bolsa de plástico

muovipussi

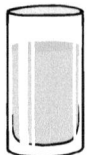

agua

vesi

zumo

mehu

leche

maito

cola

kokis

vino

viini

cerveza

olut

alcohol

alkoholi

cacao

kaakao

té

tee

café

kahvi

expreso

espresso

capuchino

cappuccino

plátano

banaani

manzana

omena

naranja

appelsiini

melón

meloni

limón

sitruuna

zanahoria

porkkana

ajo

valkosipuli

bambú

bambu

cebolla

sipuli

champiñón

sieni

avellanas

pähkinät

fideos

spagetti

espagueti

spagetti

arroz

riisi

ensalada

salaatti

patatas fritas

ranskalaiset

patatas fritas

paistetut perunat

pizza

pitsa

hamburguesa

hampurilainen

sándwich

voileipä

filete

leike

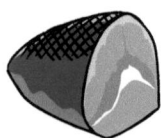

jamón

kinkku

salami

salami

salchicha

makkara

pollo

kana

asado

paisti

pescado

kala

copos de avena

kaurahiutaleet

muesli

mysli

copos de maíz

murot

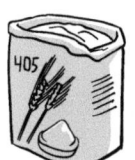

harina

jauho

cruasán

voisarvi

panecillo

sämpylä

pan

leipä

tostada

paahtoleipä

galletas

keksit

mantequilla

voi

cuajada

rahka

pastel

kakku

huevo

kananmuna

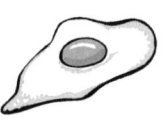

huevo frito

paistettu kananmuna

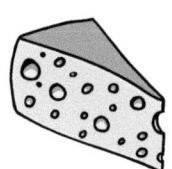

queso

juusto

helado

jäätelö

azúcar

sokeri

miel

hunaja

mermelada

hillo

crema de turrón

suklaapähkinälevite

curry

curry

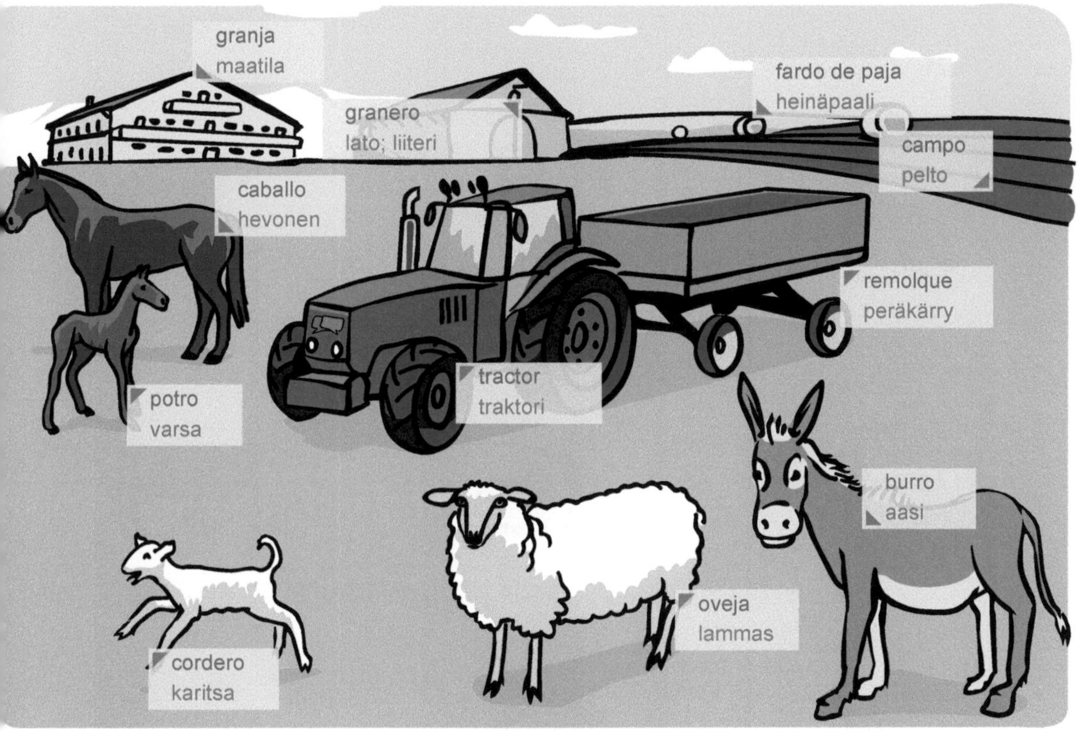

granja
maatila

fardo de paja
heinäpaali

granero
lato; liiteri

campo
pelto

caballo
hevonen

remolque
peräkärry

tractor
traktori

potro
varsa

burro
aasi

cordero
karitsa

oveja
lammas

cabra
vuohi

vaca
lehmä

ternero
vasikka

cerdo
sika

cerdito
porsas

toro
sonni

ganso
hanhi

pato
ankka

pollo
tipu

gallina
kana

gallo
kukko

rata
rotta

gato
kissa

ratón
hiiri

buey
härkä

perro
koira

perrera
koirankoppi

manguera
puutarhaletku

regadera
kastelukannu

guadaña
viikate

arado
aura

hoz
sirppi

azada
kuokka

horca
talikko

hacha
kirves

carretilla
kottikärryt

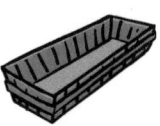

abrevadero
kaukalo

lechera
maitokannu

saco
säkki

valla
aita

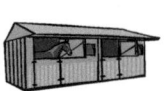

establo
talli

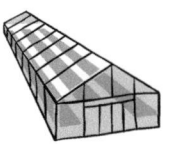

invernadero
kasvihuone

suelo
maa

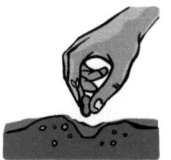

semilla
siemen

fertilizador
lannoite

cosechadora
leikkuupuimuri

cosechar

kerätä sato

cosecha

sato

ñame

jamssit

trigo

vehnä

soja

soija

patata

peruna

maíz

maissi

semilla de colza

rypsi

árbol frutal

hedelmäpuu

mandioca

maniokki

cereales

vilja

casa
talo

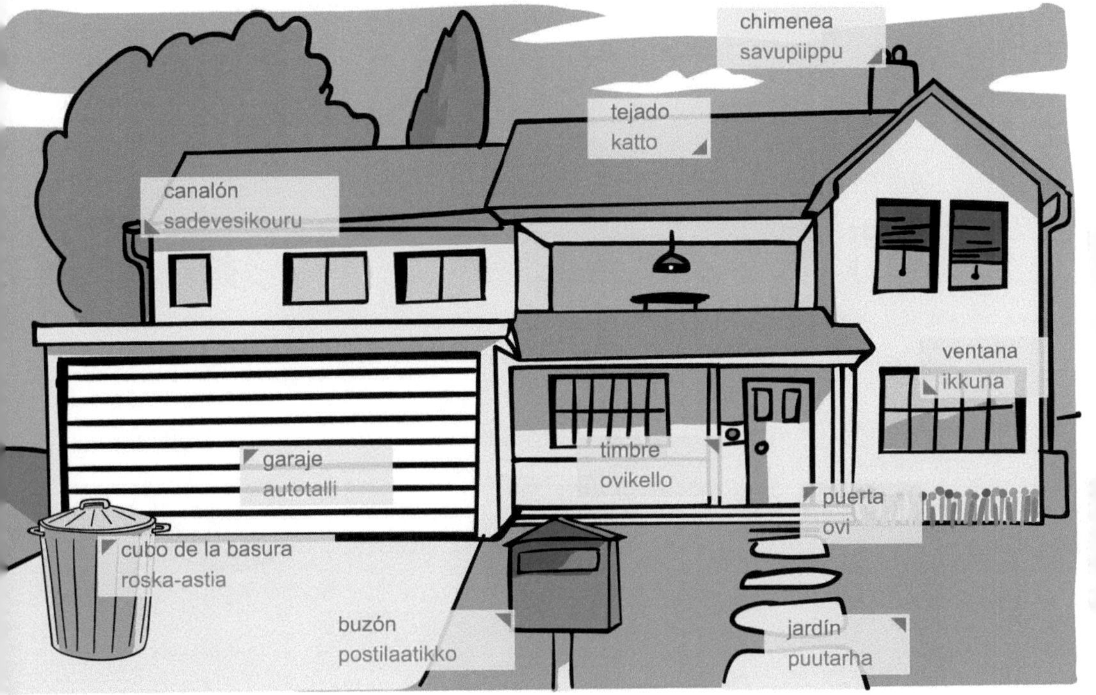
chimenea
savupiippu
tejado
katto
canalón
sadevesikouru
ventana
ikkuna
garaje
autotalli
timbre
ovikello
puerta
ovi
cubo de la basura
roska-astia
buzón
postilaatikko
jardín
puutarha

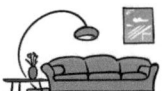

sala
olohuone

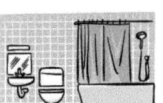

cuarto de baño
kylpyhuone

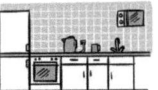

cocina
keittiö

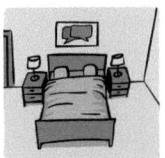

dormitorio
makuuhuone

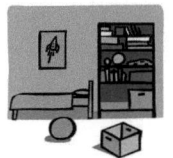

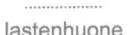

habitación de los niños
lastenhuone

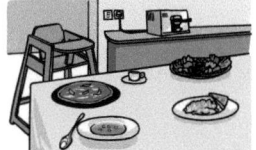

comedor
ruokahuone

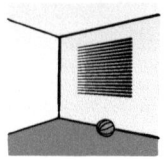

suelo
lattia

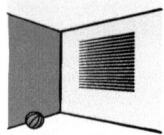

pared
seinä

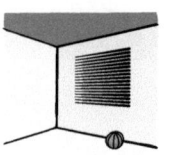

techo
katto

sótano
kellari

sauna
sauna

balcón
parveke

terraza
terassi

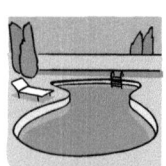

piscina
uima-allas

cortacésped
ruohonleikkuri

sábana
lakana

colcha
päiväpeitto

cama
sänky

escoba
harja

balde
ämpäri

interruptor
katkaisin

sala
olohuone

papel pintado
tapetti
imagen
kuva
lámpara
lamppu
estante
hylly
armario
kaappi
televisión
televisio
chimenea
takka
flor
kukka
cojín
tyyny
sofá
sohva
jarrón
maljakko
mando a distancia
kaukosäädin

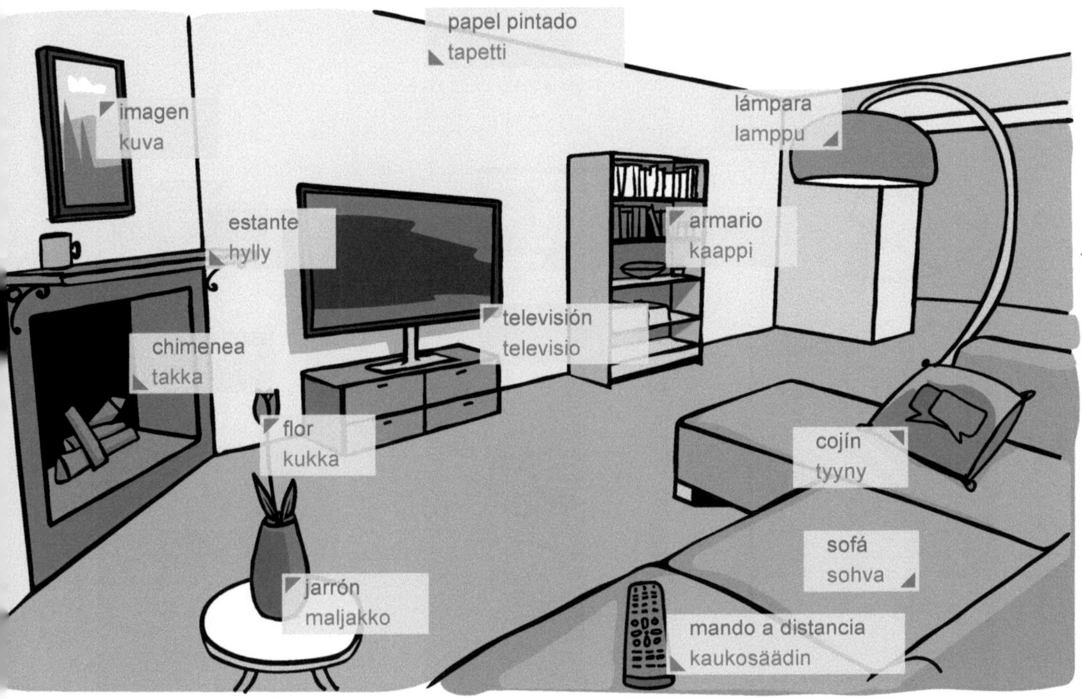

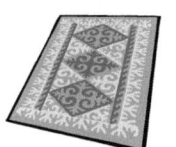

alfombra

matto

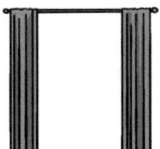

cortina

verho

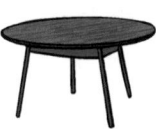

mesa

pöytä

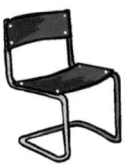

silla

tuoli

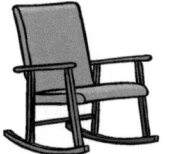

mecedora

keinutuoli

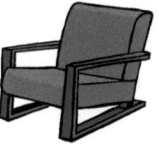

butaca

nojatuoli

libro

kirja

manta

peitto

decoración

koriste

leña

polttopuut

película

elokuva

equipo de música

stereot

llave

avain

periódico

sanomalehti

pintura

maalaus

póster

juliste

radio

radio

cuaderno

muistivihko

aspiradora

pölynimuri

cactus

kaktus

vela

kynttilä

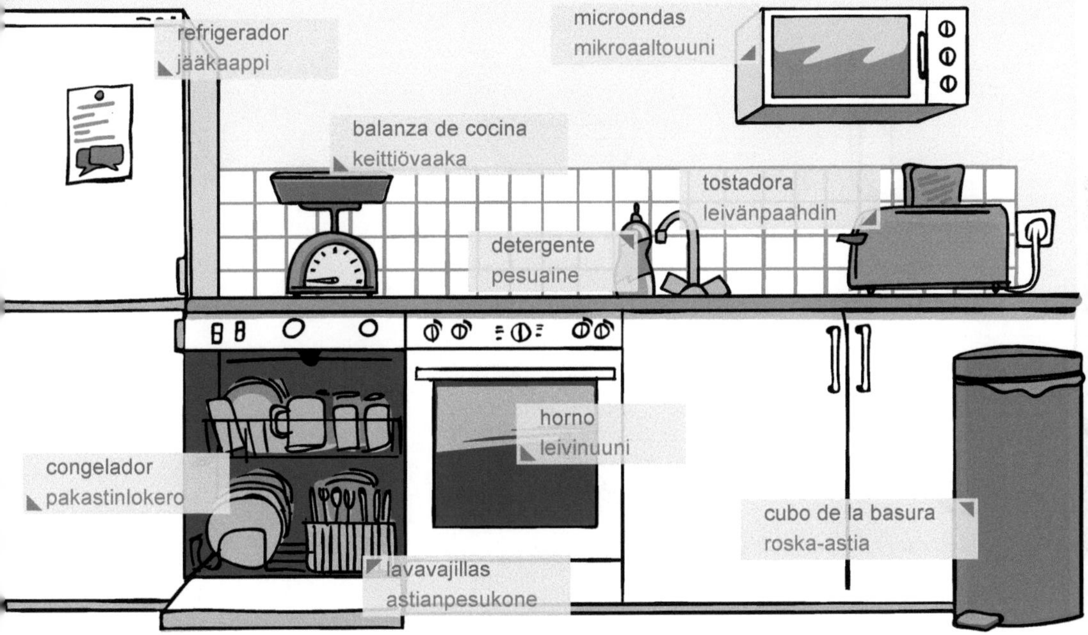

refrigerador
jääkaappi

microondas
mikroaaltouuni

balanza de cocina
keittiövaaka

tostadora
leivänpaahdin

detergente
pesuaine

horno
leivinuuni

congelador
pakastinlokero

cubo de la basura
roska-astia

lavavajillas
astianpesukone

olla a presión
....
liesi

olla
....
kattila

olla de hierro fundido
....
rautapata

wok / karahi
....
vokkipannu / kadai-pannu

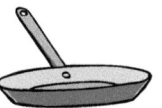

cazuela
....
paistinpannu

hervidor
....
teepannu

vaporera

höyrykeitin

chapa de horno

uunipelti

vajilla

astiat

taza

muki

tazón

kulho

palillos

syömäpuikot

cucharón

kauha

espumadera

paistinlasta

batidor

vispilä

colador

siivilä

cedazo

siivilä

rallador

raastin

mortero

mortteli

barbacoa

grilli

hoguera

avotuli

tabla de picar
leikkuulauta

rodillo
kaulin

sacacorchos
korkinavaaja

lata
purkki

abrelatas
purkinavaaja

agarrador
pannulappu

lavabo
lavuaari

cepillo
tiskiharja

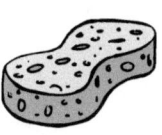

esponja
pesusieni

batidora
tehosekoitin

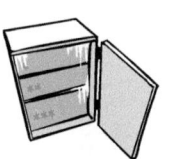

congelador
pakastin

biberón
tuttipullo

grifo
vesihana

cuarto de baño
kylpyhuone

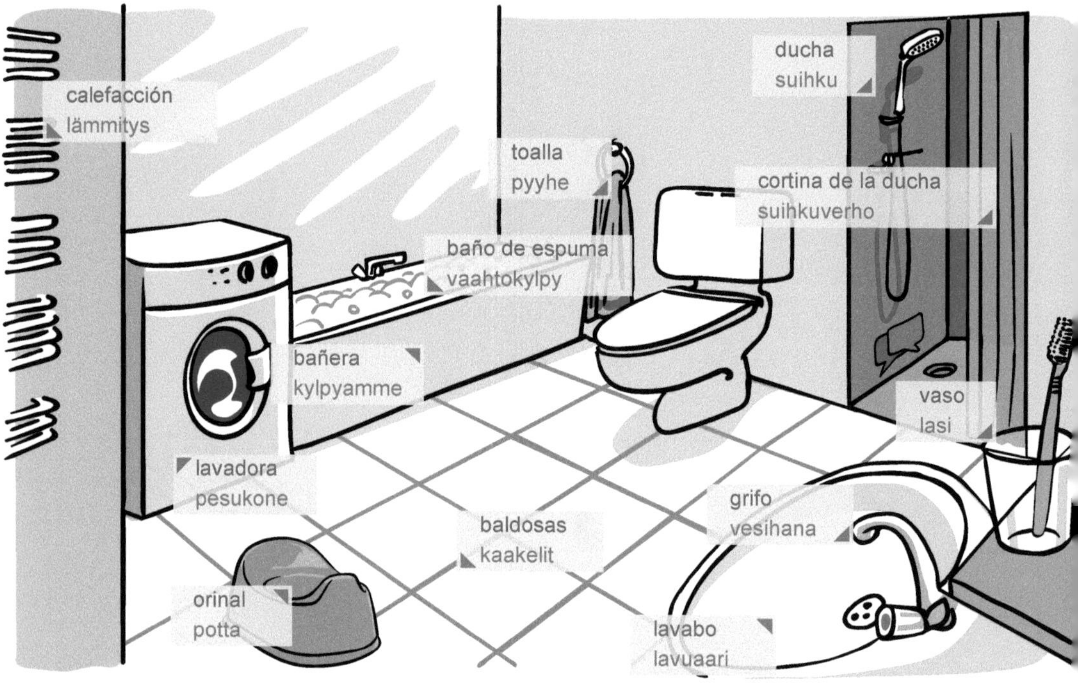

calefacción
lämmitys
toalla
pyyhe
ducha
suihku
cortina de la ducha
suihkuverho
baño de espuma
vaahtokylpy
bañera
kylpyamme
lavadora
pesukone
vaso
lasi
grifo
vesihana
baldosas
kaakelit
orinal
potta
lavabo
lavuaari

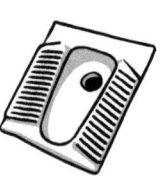

inodoro
vessa

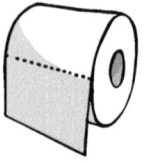

inodoro rústico
kyykkyvessa

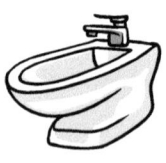

bidé
bidee

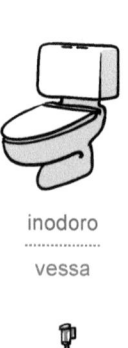

urinario
pisuaari

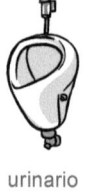

papel higiénico
vessapaperi

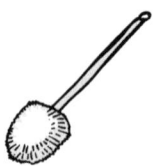

escobilla del váter
vessaharja

cepillo de dientes

hammasharja

pasta de dientes

hammastahna

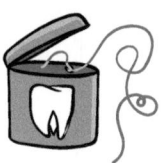

hilo dental

hammaslanka

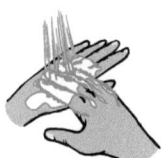

lavar

pestä

ducha de mano

käsisuihku

ducha íntima

intiimisuihku

pila

pesuvati

cepillo de espalda

selkäharja

jabón

saippua

gel de ducha

suihkugeeli

champú

shampoo

toallita

pesulappu

desagüe

viemäri

crema

voide

desodorante

deodorantti

cuarto de baño - kylpyhuone

espejo
peili

espejo de tocador
käsipeili

maquinilla de afeitar
partaveitsi

espuma de afeitar
partavaahto

loción postafeitado
partavesi

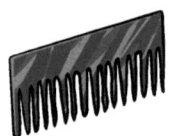

peine
kampa

cepillo
harja

secador
hiustenkuivaaja

laca
hiuslakka

maquillaje
meikki

pintalabios
huulipuna

pintauñas
kynsilakka

algodón
pumpuli

cortauñas
kynsisakset

perfume
hajuvesi

estuche de viaje

kosmetiikkalaukku

banqueta

jakkara

balanza

vaaka

albornoz

kylpytakki

guantes de goma

kumihansikkaat

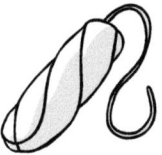

tampón

tamponi

compresa

terveysside

inodoro químico

kemiallinen wc

habitación de los niños
lastenhuone

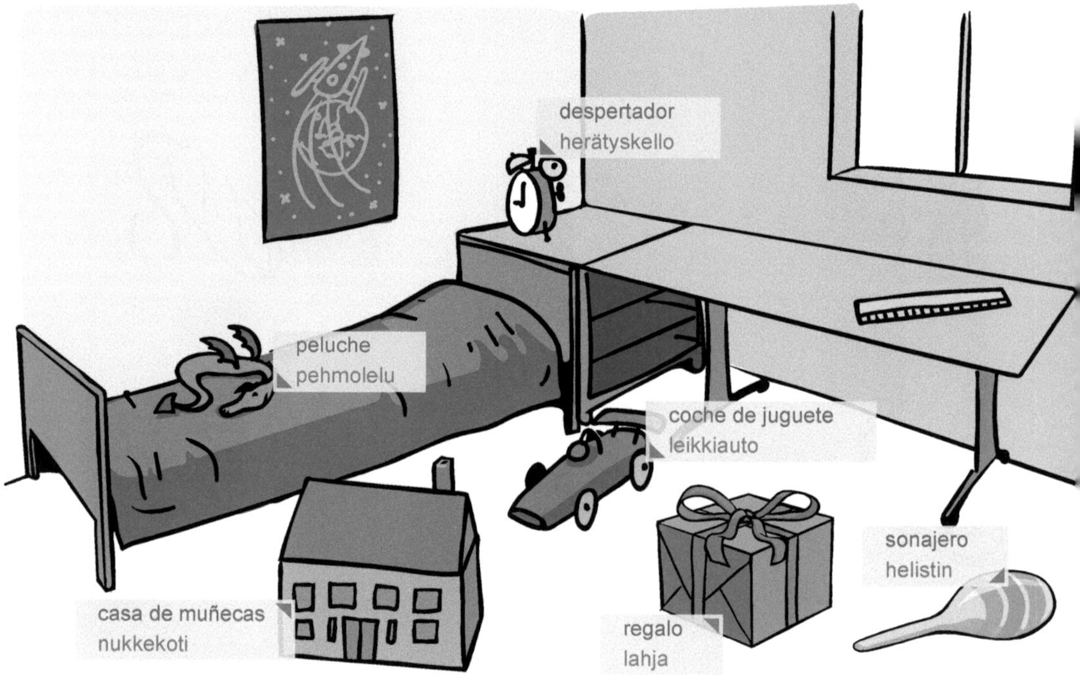

despertador
herätyskello
peluche
pehmolelu
coche de juguete
leikkiauto
sonajero
helistin
casa de muñecas
nukkekoti
regalo
lahja

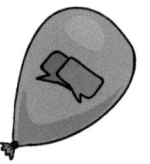

globo
ilmapallo

cama
sänky

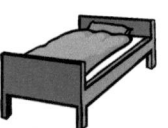

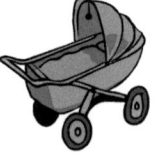

coche de niño
lastenvaunut

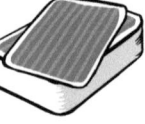

naipes
korttipeli

puzle
palapeli

SUPER
MEGA

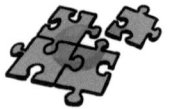

tebeo
sarjakuva

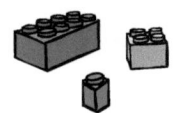

piezas de lego

legopalikat

bloques de juguete

rakennuspalikat

figura de acción

supersankari

bodi (de bebé)

potkupuku

frisbee

frisbee

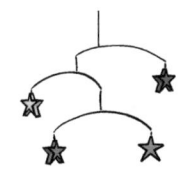

colgador móvil para bebés

mobile

juego de mesa

lautapeli

dados

noppa

circuito de tren eléctrico

pienoisjunarata

maniquí

tutti

fiesta

juhlat

álbum de fotos

kuvakirja

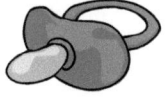

pelota

pallo

muñeca

nukke

jugar

leikkiä

cajón de arena

hiekkalaatikko

columpio

keinu

juguetes

lelut

videoconsola

pelikonsoli

triciclo

kolmipyörä

oso de peluche

nalle

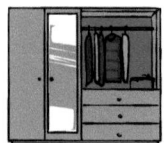

guardarropa

vaatekaappi

ropa

vaatteet

calcetines

sukat

medias

nylonsukat

leotardos

sukkahousut

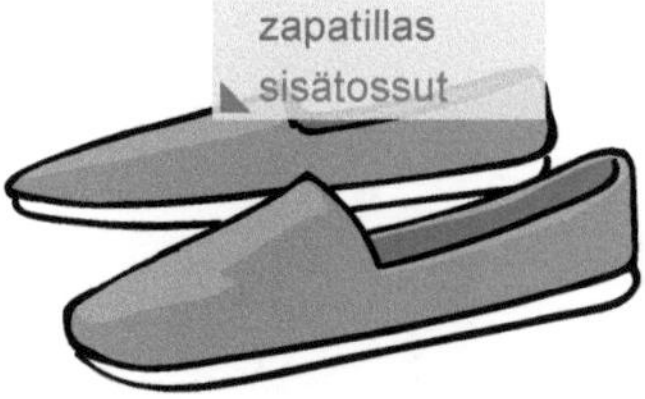

bufanda
kaulaliina

paraguas
sateenvarjo

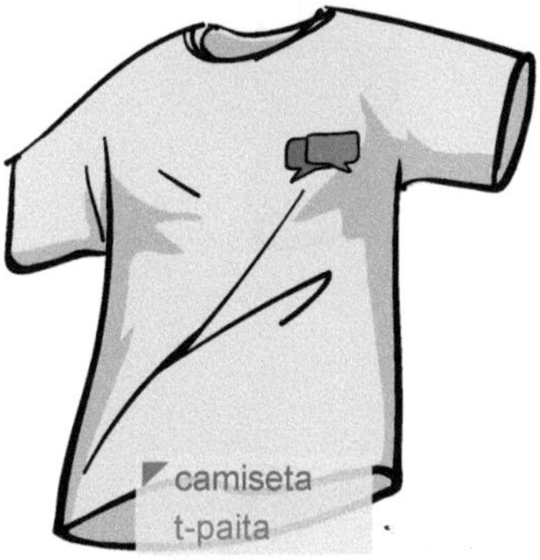

cinturón
vyö

camiseta
t-paita

deportivas
lenkkarit

botas
saappaat

zapatillas
sisätossut

sandalias
....
sandaalit

zapatos
....
kengät

botas de goma
....
kumisaappaat

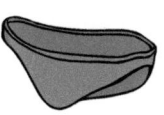

slip
....
alushousut

sostén
....
rintaliivit

chaleco
....
aluspaita

ropa - vaatteet

bodi

body

pantalones

housut

vaqueros

farkut

falda

hame

blusa

pusero

camisa

paita

jersey

villapaita

suéter

collegepaita

blazer

jakku

chaqueta

takki

abrigo

takki

gabardina

sadetakki

traje

puku

vestido

mekko

vestido de novia

hääpuku

traje

puku

camisón

yöpaita

pijama

pyjama

sari

shari

bandana

päähuivi

turbante

turbaani

burka

burka

caftán

kaftaani

abaya

abaya

traje de baño

uimapuku

bañador

uimahousut

pantalones cortos

shortsit

chándal

verkkarit

delantal

esiliina

guantes

käsineet

botón

nappi

gafas

silmälasit

brazalete

rannekoru

collar

kaulakoru

anillo

sormus

pendiente

korvakoru

gorra

lippalakki

percha

ripustin

sombrero

hattu

corbata

solmio

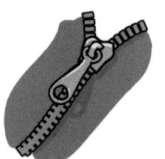

cremallera

vetoketju

casco

kypärä

tirantes

henkselit

uniforme escolar

koulupuku

uniforme

univormu

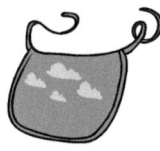

babero

ruokalappu

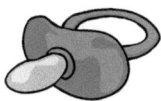

maniquí

tutti

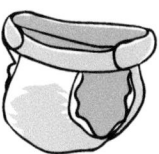

pañal

vaippa

oficina

toimisto

servidor
palvelin
archivo
asiakirjakaappi
impresora
tulostin
papel
paperi
monitor
näyttö
ratón
hiiri
escritorio
kirjoituspöytä
carpeta
kansio
teclado
näppäimistö
papelera
roskakori
ordenador
tietokone
silla
tuoli

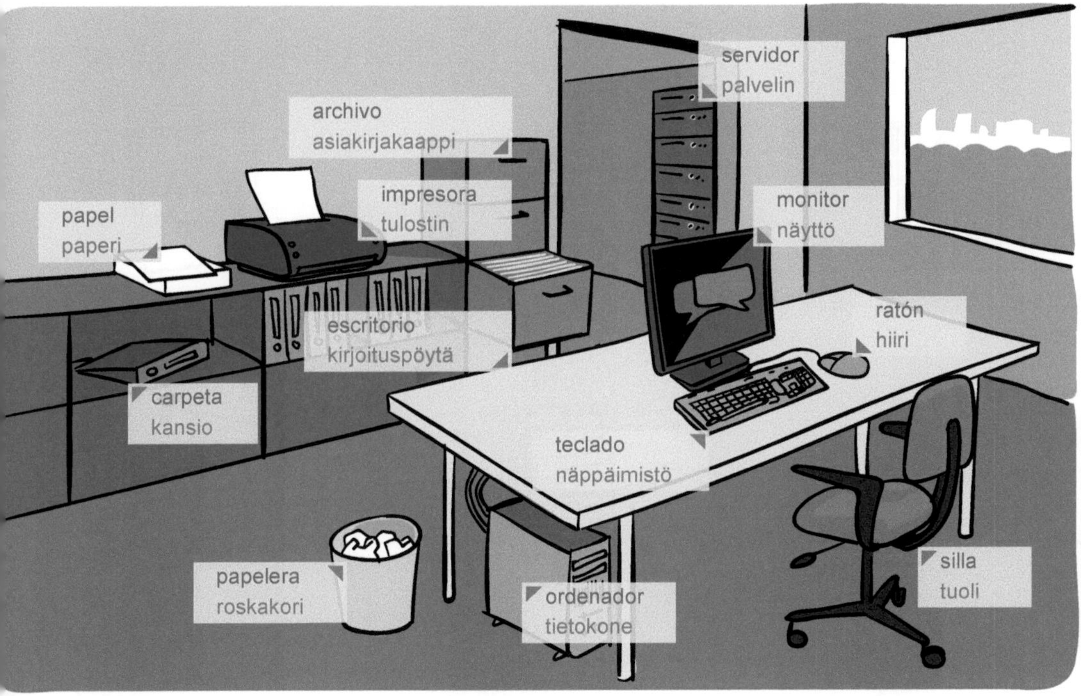

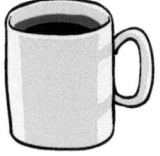

taza de café

kahvimuki

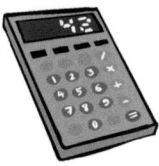

calculadora

taskulaskin

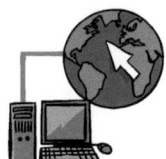

internet

internet

portátil

kannettava tietokone

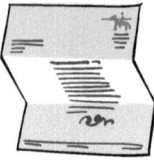

carta

kirje

mensaje

viesti

móvil

kännykkä

red

verkko

fotocopiadora

kopiokone

software

ohjelmisto

teléfono

puhelin

toma de corriente

pistorasia

fax

faksi

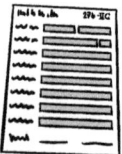

formulario

lomake

documento

asiakirja

comprar

ostaa

pagar

maksaa

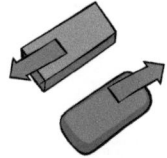

comerciar

vaihtaa

dinero

raha

dólar

dollari

euro

euro

yen

jeni

rublo

rupla

franco suizo

frangi

renminbi yuan

renminbi juan

rupia

rupia

cajero automático

pankkiautomaatti

oficina de cambio de divisas

rahanvaihto

oro

kulta

plata

hopea

petróleo

öljy

energía

energia

precio

hinta

contrato

sopimus

impuesto

vero

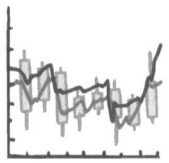

acción

osake

trabajar

työskennellä

empleado

työntekijä

empleador

työnantaja

fábrica

tehdas

tienda

liike

oficios
ammatit

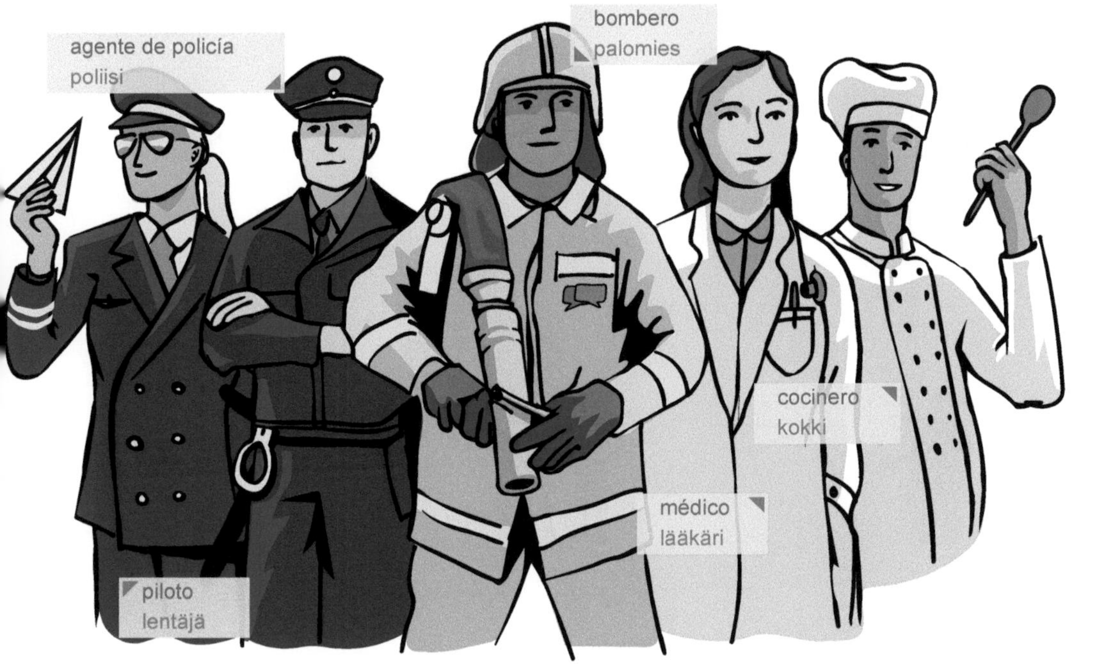
bombero
palomies
agente de policía
poliisi
cocinero
kokki
médico
lääkäri
piloto
lentäjä

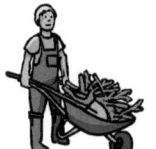

jardinero

puutarhuri

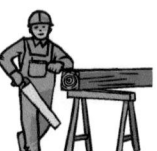

carpintero

puuseppä

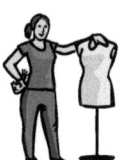

costurera

ompelija

juez

tuomari

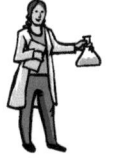

farmacéutico

kemisti

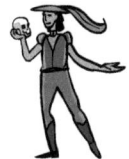

actor

näyttelijä

conductor de autobús

linja-autonkuljettaja

taxista

taksinkuljettaja

pescador

kalastaja

señora de la limpieza

siivooja

techador

katontekijä

camarero

tarjoilija

cazador

metsästäjä

pintor

maalari

panadero

leipuri

electricista

sähköasentaja

obrero

rakentaja

ingeniero

insinööri

carnicero

teurastaja

fontanero

putkiasentaja

cartero

postinjakaja

soldado
sotilas

arquitecto
arkkitehti

cajero
kassanhoitaja

florista
floristi

peluquero
kampaaja

revisor
konduktööri

mecánico
mekaanikko

capitán
kapteeni

dentista
hammaslääkäri

científico
tiedemies

rabino
rabbi

imán
imaami

monje
munkki

sacerdote
pappi

oficios - ammatit

55

herramientas
työkalut

martillo
vasara
alicates
pihdit
destornillador
ruuvimeisseli
llave
jakoavain
linterna
taskulamppu

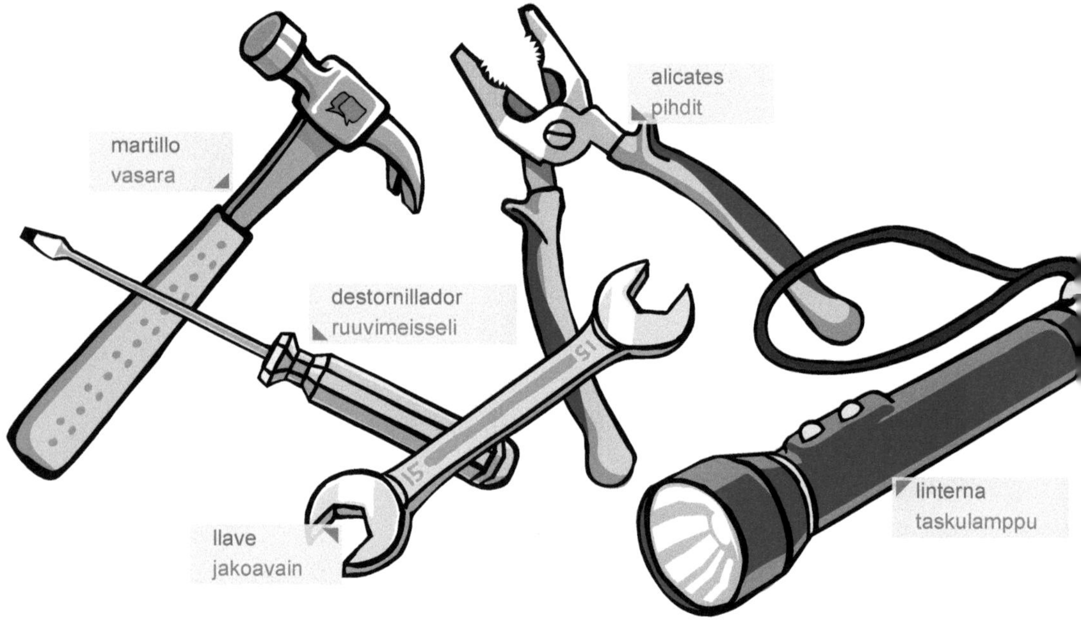

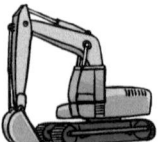

excavadora

kaivinkone

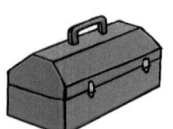

caja de herramientas

työkalupakki

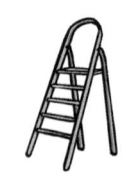

escalera de mano

tikkaat

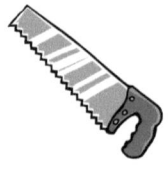

sierra

saha

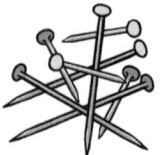

clavos

naulat

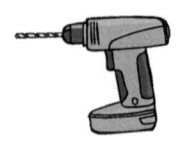

taladro

pora

reparar

korjata

pala

lapio

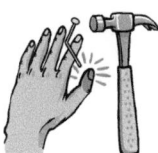

¡Maldita sea!

Hitto!

recogedor

rikkalapio

bote de pintura

maalipurkki

tornillos

ruuvit

instrumentos musicales
soittimet

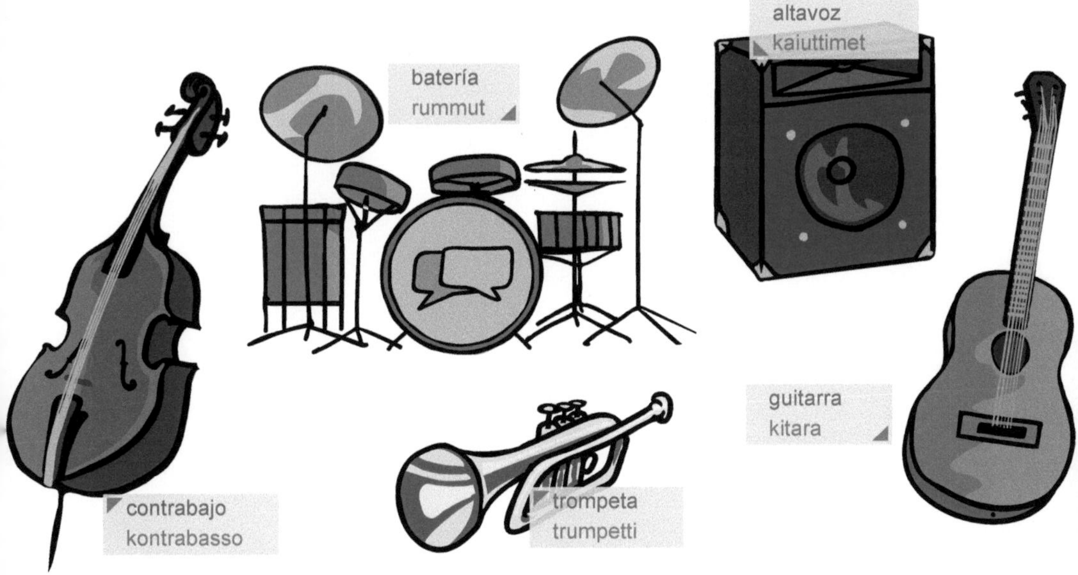

batería
rummut

altavoz
kaiuttimet

guitarra
kitara

contrabajo
kontrabasso

trompeta
trumpetti

piano

piano

violín

viulu

bajo

basso

timbales

patarummut

tambor

rumpu

teclado

kosketinsoitin

saxofón

saksofoni

flauta

huilu

micrófono

mikrofoni

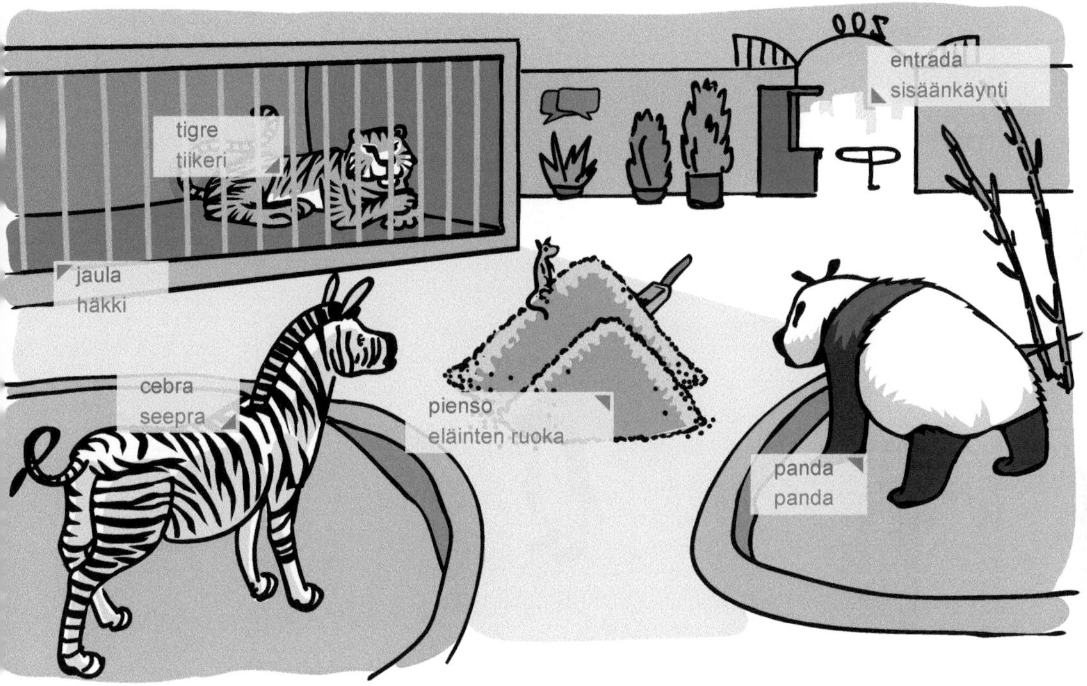

entrada
sisäänkäynti

tigre
tiikeri

jaula
häkki

cebra
seepra

pienso
eläinten ruoka

panda
panda

animales
eläimet

elefante
norsu

canguro
kenguru

rinoceronte
sarvikuono

gorila
gorilla

oso
karhu

camello

kameli

avestruz

strutsi

león

leijona

mono

apina

flamingo

flamingo

loro

papukaija

oso polar

jääkarhu

pingüino

pingviini

tiburón

hai

pavo real

riikinkukko

serpiente

käärme

cocodrilo

krokotiili

guardián de zoológico

eläintarhanhoitaja

foca

hylje

jaguar

jaguaari

poni
poni

leopardo
leopardi

hipopótamo
virtahepo

jirafa
kirahvi

águila
kotka

jabalí
villisika

pescado
kala

tortuga
kilpikonna

morsa
mursu

zorro
kettu

gacela
gaselli

fútbol americano
amerikkalainen jalkapallo

ciclismo
pyöräily

tenis
tennis

baloncesto
koripallo

natación
uinti

boxeo
nyrkkeily

hockey sobre hielo
jääkiekko

fútbol

jalkapallo

bádminton

sulkapallo

atletismo

yleisurheilu

balonmano

käsipallo

esquí

hiihto

polo

poolo

actividades
aktiviteetit

reír
nauraa
saltar
hypätä
abrazar
halata
caminar
kävellä
cantar
laulaa
soñar
unelmoida
rezar
rukoilla
besar
suudella

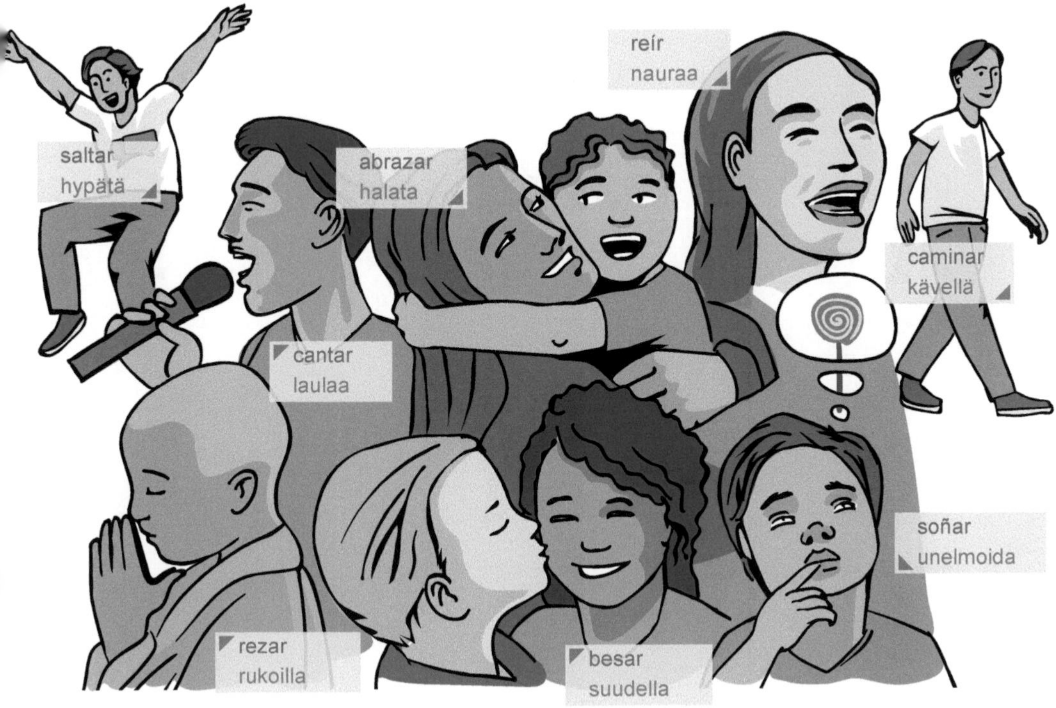

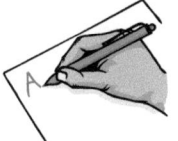

escribir

kirjoittaa

dibujar

piirtää

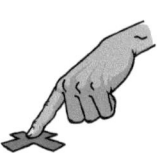

mostrar

näyttää

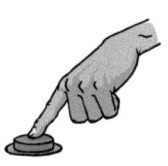

empujar

painaa

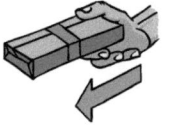

dar

antaa

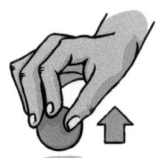

tomar

ottaa

tener

omistaa

hacer

tehdä

ser

olla

estar de pie

seisoa

correr

juosta

tirar

vetää

tirar

heittää

caer

kaatua

yacer

maata

esperar

odottaa

llevar

kantaa

estar sentado

istua

vestirse

pukeutua

dormir

nukkua

despertar

herätä

mirar

katsoa

llorar

itkeä

acariciar

silittää

peinar

kammata

hablar

puhua

entender

ymmärtää

preguntar

kysyä

escuchar

kuunnella

beber

juoda

comer

syödä

ordenar

siivota

amar

rakastaa

cocinar

keittää

conducir

ajaa

volar

lentää

actividades - aktiviteetit

navegar

purjehtia

calcular

laskea

leer

lukea

aprender

oppia

trabajar

työskennellä

casarse

mennä naimisiin

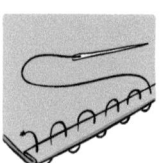

coser

ommella

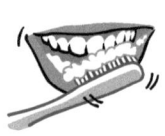

cepillarse los dientes

pestä hampaat

matar

tappaa

fumar

tupakoida

enviar

lähettää

abuela
mummo

abuelo
ukki

padre
isä

madre
äiti

bebé
vauva

hija
tytär

hijo
poika

invitado

vieras

tía

täti

tío

setä

hermano

veli

hermana

sisko

cuerpo
vartalo

frente
otsa
ojo
silmä
hombro
olkapää
dedo
sormet
cara
kasvot
barbilla
leuka
mano
käsi
pierna
jalka
pecho
rinta
brazo
käsivarsi

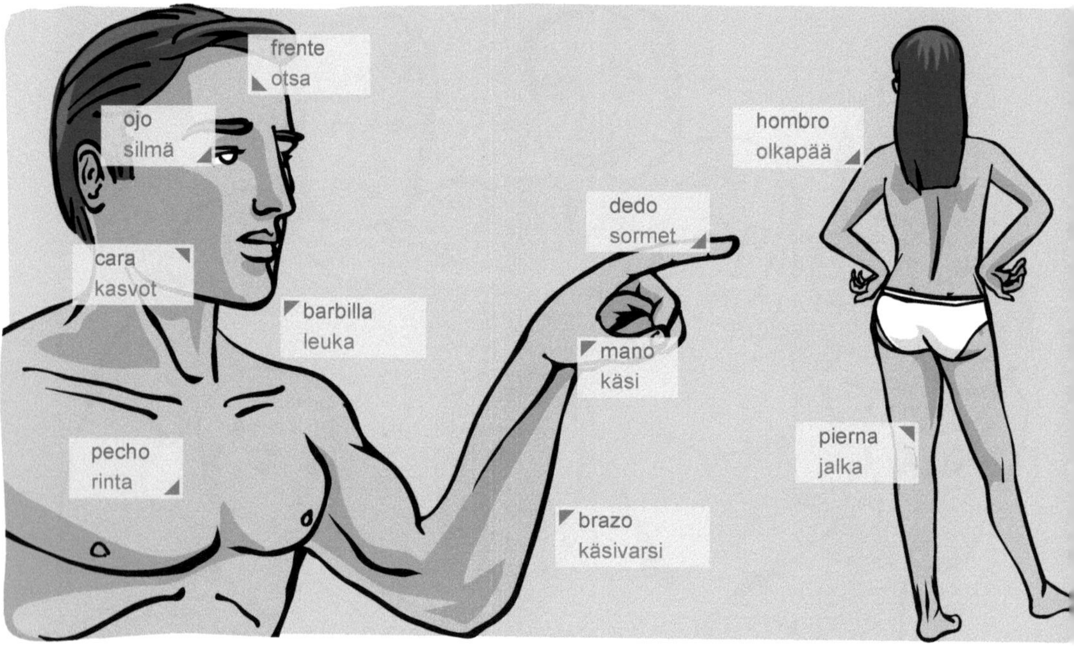

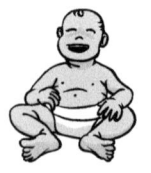

bebé

vauva

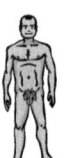

hombre

mies

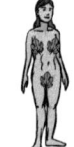

mujer

nainen

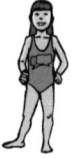

chica

tyttö

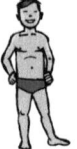

chico

poika

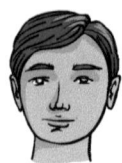

cabeza

pää

espalda

selkä

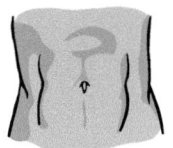

vientre

maha

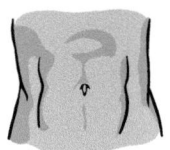

ombligo

napa

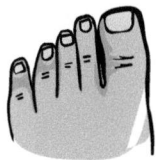

dedo del pie

varvas

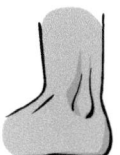

talón

kantapää

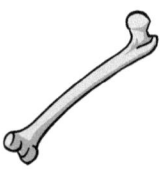

hueso

luu

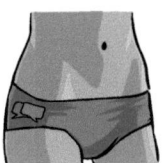

cadera

lantio

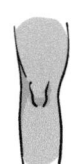

rodilla

polvi

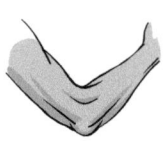

codo

kyynärpää

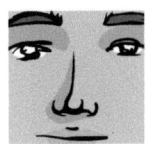

nariz

nenä

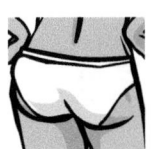

trasero

takapuoli

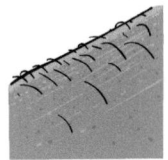

piel

iho

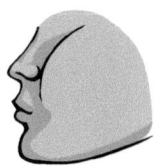

mejilla

poski

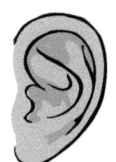

oído

korva

labio

huuli

cuerpo - vartalo

boca
suu

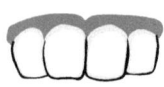

diente
hammas

lengua
kieli

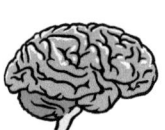

cerebro
aivot

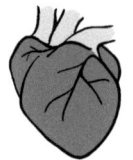

corazón
sydän

músculo
lihas

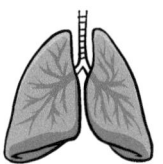

pulmón
keuhkot

hígado
maksa

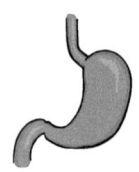

estómago
vatsa

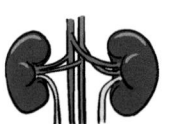

riñones
munuaiset

sexo
seksi

condón
kondomi

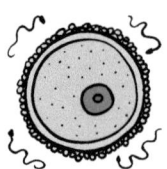

ovario
munasolu

semen
sperma

embarazo
raskaus

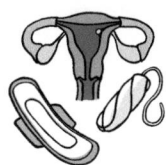

menstruación

kuukautiset

vagina

vagina

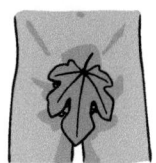

pene

penis

ceja

kulmakarvat

pelo

hiukset

cuello

niska

hospital
sairaala

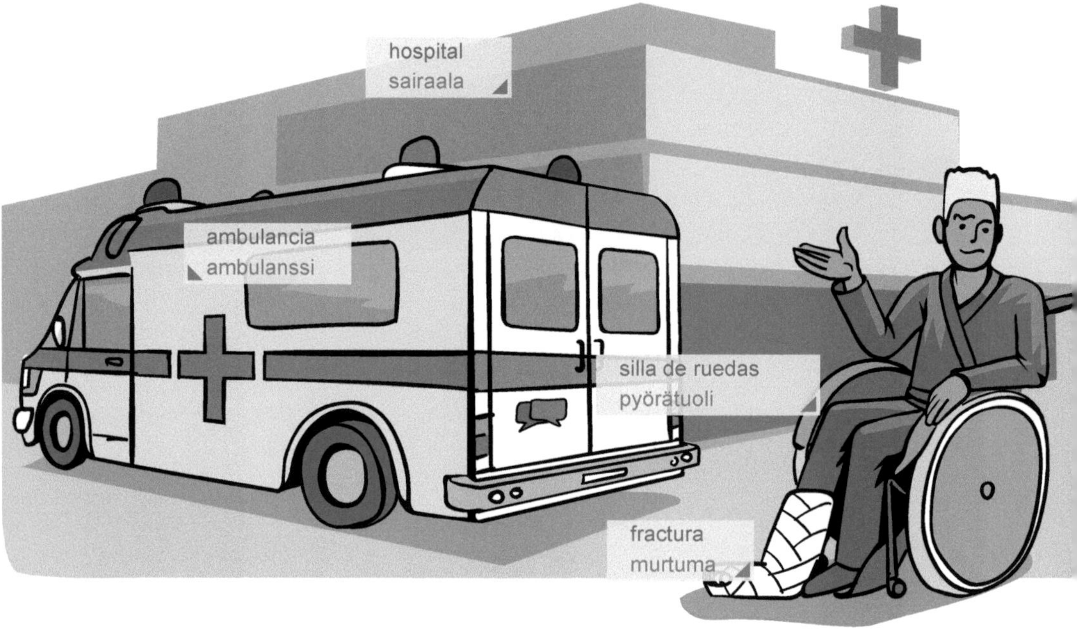

hospital
sairaala
ambulancia
ambulanssi
silla de ruedas
pyörätuoli
fractura
murtuma

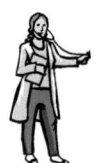

médico

lääkäri

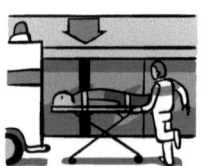

sala de urgencias

ensiapu

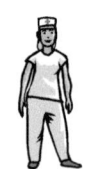

enfermera

sairaanhoitaja

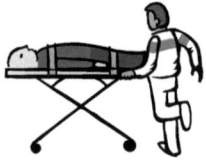

urgencia

hätätilanne

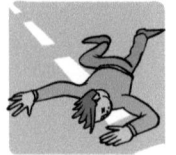

inconsciente

tajuton

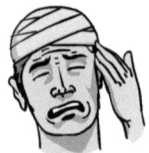

dolor

kipu

lesión

vamma

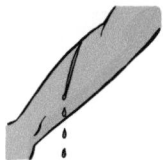

hemorragia

verenvuoto

infarto

sydänkohtaus

ictus

aivoinfarkti

alergia

allergia

tos

yskä

fiebre

kuume

gripe

flunssa

diarrea

ripuli

dolor de cabeza

päänsärky

cáncer

syöpä

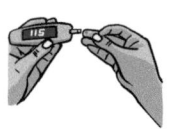

diabetes

diabetes

cirujano

kirurgi

bisturí

veitsi

operación

leikkaus

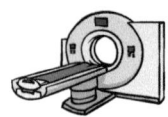

TAC
ct

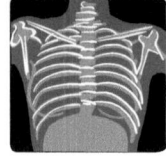

rayos x
röntgen

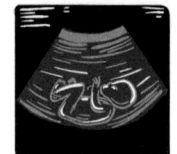

ultrasonido
ultraääni

mascarilla
maski

enfermedad
sairaus

sala de espera
odotushuone

muleta
sauva

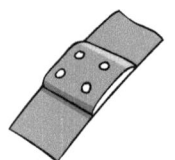

tirita
laastari

venda
side

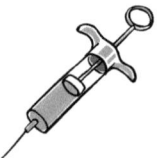

inyección
pistos

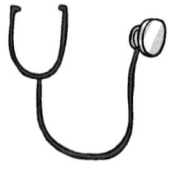

estetoscopio
stetoskooppi

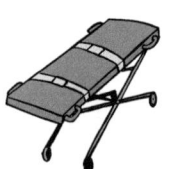

camilla
paarit

termómetro
kuumemittari

nacimiento
syntymä

sobrepeso
ylipaino

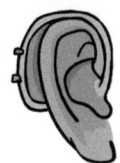

audífono
kuulolaite

desinfectante
desinfiointiaine

infección
infektio

virus
virus

VIH / SIDA
HIV / AIDS

medicina
lääke

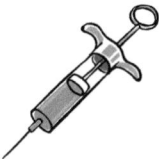

vacunación
rokotus

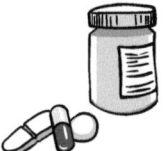

tabletas
tabletit

pastilla
pilleri

llamada de urgencia
hätäpuhelu

tensiómetro
verenpainemittari

enfermo / sano
sairas / terve

¡Socorro!

Apua!

alarma

hälytys

asalto

ryöstö

ataque

hyökkäys

peligro

vaara

salida de emergencia

hätäuloskäynti

¡Fuego!

Tulipalo!

extintor de incendios

palosammutin

accidente

onnettomuus

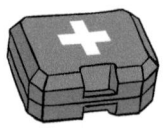

botiquín de primeros
auxilios

ensiapulaukku

SOS

SOS

policía

poliisilaitos

Europa

Eurooppa

Norteamérica

Pohjois-Amerikka

Sudamérica

Etelä-Amerikka

África

Afrikka

Asia

Aasia

Australia

Australia

Atlántico

Atlantin valtameri

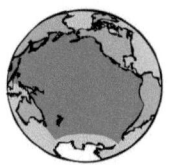

Pacífico

Tyynimeri

Océano Índico

Intian valtameri

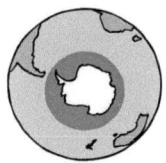

Océano Antártico

Eteläinen jäämeri

Océano Ártico

Pohjoinen jäämeri

polo norte

pohjoisnapa

polo sur

etelänapa

Antártida

Antarktis

tierra

maa

tierra

maa

mar

meri

isla

saari

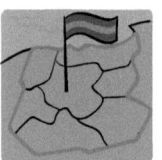

nación

kansa

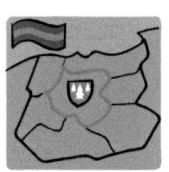

estado

osavaltio

esfera

kellotaulu

manecilla de las horas

tuntiviisari

minutero

minuuttiviisari

segundero

sekuntiviisari

¿Qué hora es?

Paljonko kello on?

día

päivä

tiempo

aika

ahora

nyt

reloj digital

digitaalikello

minuto

minuutti

hora

tunti

semana
viikko

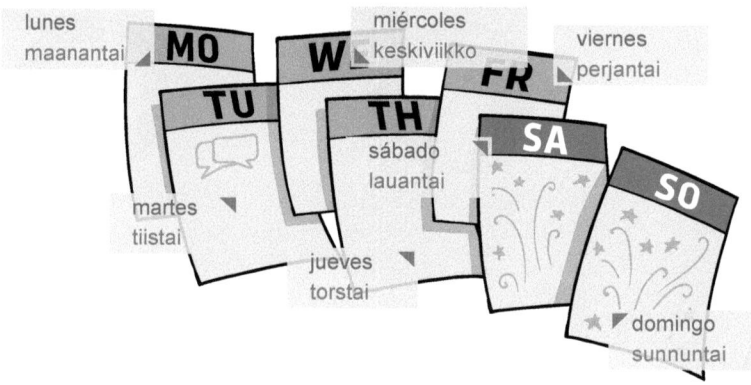

lunes
maanantai

miércoles
keskiviikko

viernes
perjantai

martes
tiistai

jueves
torstai

sábado
lauantai

domingo
sunnuntai

ayer

eilen

hoy

tänään

mañana

huomenna

mañana

aamu

mediodía

keskipäivä

tarde

ilta

MO	TU	WE	TH	FR	SA	SU
1	2	3	4	5	6	7
8	9	10	11	12	13	14
15	16	17	18	19	20	21
22	23	24	25	26	27	28
29	30	31	1	2	3	4

días laborables

työpäivät

MO	TU	WE	TH	FR	SA	SU
1	2	3	4	5	6	7
8	9	10	11	12	13	14
15	16	17	18	19	20	21
22	23	24	25	26	27	28
29	30	31	1	2	3	4

fin de semana

viikonloppu

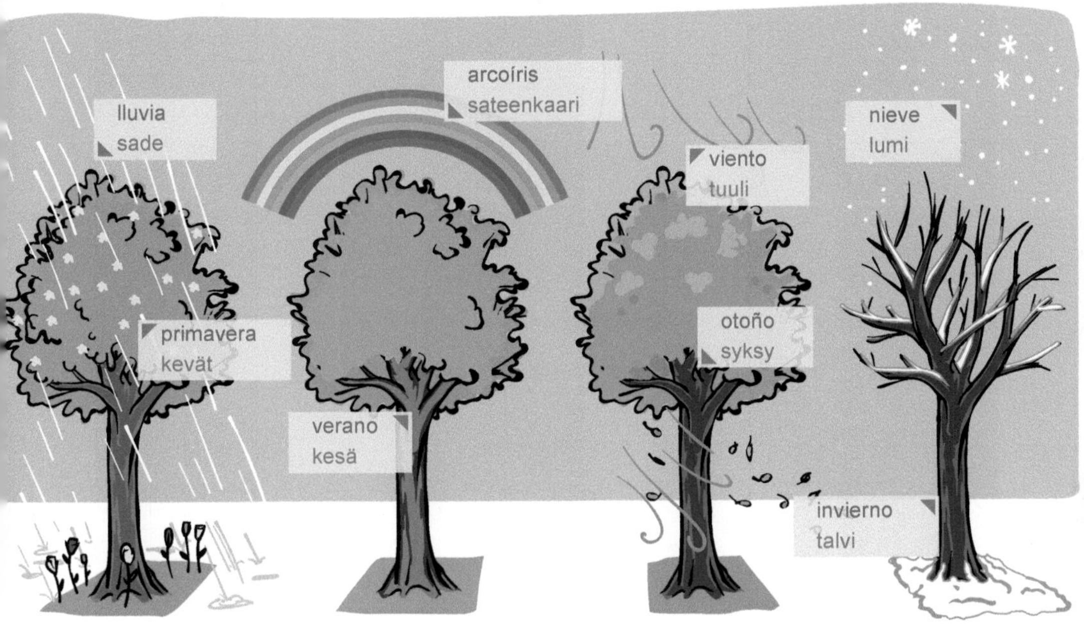

lluvia
sade
arcoíris
sateenkaari
viento
tuuli
nieve
lumi
primavera
kevät
otoño
syksy
verano
kesä
invierno
talvi

4.APRIL 11°
5.APRIL 4°
6.APRIL 13°
7.APRIL 8°
8.APRIL 10°

pronóstico del tiempo

sääennuste

F
C
120
90
60
30
0
-30
40
30
20
10
0
-10
-20

termómetro

lämpömittari

sol

auringonpaiste

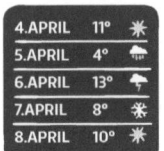

nube

pilvi

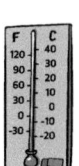

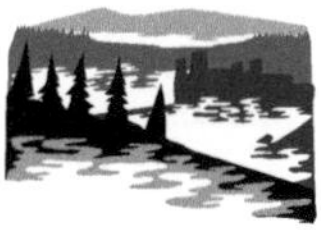

niebla

sumu

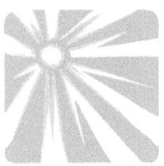

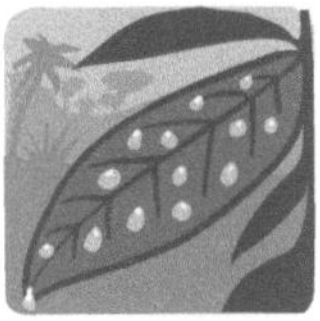

humedad

ilmankosteus

rayo

salama

trueno

ukkonen

tormenta

myrsky

granizo

rae

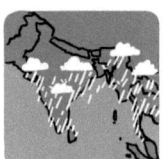

monzón

monsuuni

inundación

tulva

hielo

jää

enero

tammikuu

febrero

helmikuu

marzo

maaliskuu

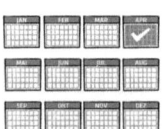

abril

huhtikuu

mayo

toukokuu

junio

kesäkuu

julio

heinäkuu

agosto

elokuu

año - vuosi

septiembre
....
syyskuu

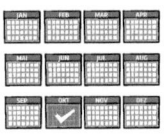

octubre
....
lokakuu

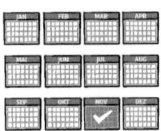

noviembre
....
marraskuu

diciembre
....
joulukuu

formas
muodot

círculo
....
ympyrä

cuadrado
....
neliö

rectángulo
....
suorakulmio

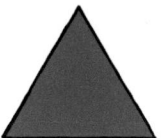

triángulo
....
kolmio

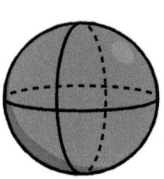

esfera
....
pallo

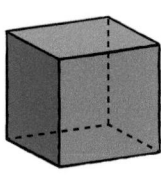

cubo
....
kuutio

blanco

valkoinen

amarillo

keltainen

anaranjado

oranssi

rosa

vaaleanpunainen

rojo

punainen

morado

violetti

azul

sininen

verde

vihreä

marrón

ruskea

gris

harmaa

negro

musta

mucho / poco

paljon / vähän

enojado / tranquilo

vihainen / ystävällinen

bonito / feo

kaunis / ruma

principio / fin

alku / loppu

grande / pequeño

suuri / pieni

claro / oscuro

vaalea / tumma

hermano / hermana

veli / sisko

limpio / sucio

puhdas / likainen

completo / incompleto

täydellinen / epätäydellinen

día / noche

päivä / yö

muerto / vivo

kuollut / elävä

ancho / estrecho

leveä / kapea

comestible / no comestible

syötävä / syömäkelvoton

malo / amable

paha / kiltti

entusiasmado / aburrido

innostunut / tylsistynyt

gordo / delgado

lihava / laiha

primero / último

ensimmäinen / viimeinen

amigo / enemigo

ystävä / vihollinen

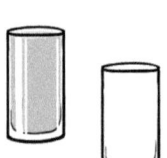

lleno / vacío

täysi / tyhjä

duro / blando

kova / pehmeä

pesado / ligero

painava / kevyt

hambre / sed

nälkä / jano

enfermo / sano

sairas / terve

ilegal / legal

laiton / laillinen

inteligente / tonto

älykäs / tyhmä

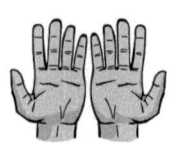

izquierda / derecha

vasen / oikea

cerca / lejos

lähellä / kaukana

nuevo / usado

uusi / käytetty

nada / algo

ei mitään / jotain

viejo / joven

vanha / nuori

encendido / apagado

päällä / pois päältä

abierto / cerrado

auki / kiinni

silencioso / ruidoso

hiljainen / äänekäs

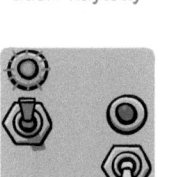

rico / pobre

rikas / köyhä

correcto / incorrecto

oikein / väärin

áspero / suave

karhea / sileä

triste / contento

surullinen / iloinen

corto / largo

lyhyt / pitkä

lento / rápido

hidas / nopea

húmedo / seco

märkä / kuiva

cálido / frío

lämmin / viileä

guerra / paz

sota / rauha

0

cero

nolla

1

uno

yksi

2

dos

kaksi

3

tres

kolme

4

cuatro

neljä

5

cinco

viisi

6

seis

kuusi

7

siete

seitsemän

8

ocho

kahdeksan

9

nueve

yhdeksän

10

diez

kymmenen

11

once

yksitoista

12

doce

kaksitoista

13

trece

kolmetoista

14

catorce

neljätoista

15

quince

viisitoista

16

dieciséis

kuusitoista

17

diecisiete

seitsemäntoista

18

dieciocho

kahdeksantoista

19

diecinueve

yhdeksäntoista

20

veinte

kaksikymmentä

100

cien

sata

1.000

mil

tuhat

1.000.000

millón

miljoona

inglés

englanti

inglés americano

amerikanenglanti

chino mandarín

mandariinikiina

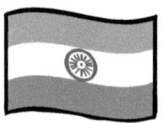

hindi

hindi

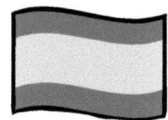

español

espanja

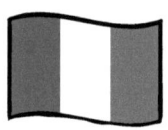

francés

ranska

árabe

arabia

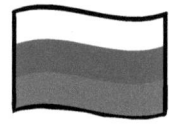

ruso

venäjä

portugués

portugali

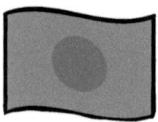

bengalí

bengali

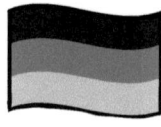

alemán

saksa

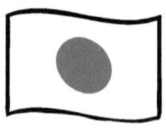

japonés

japani

yo
minä

tú
sinä

él / ella / ello
hän

nosotros/as
me

vosotros/as
te

ellos/as
he

¿quién?
kuka?

¿qué?
mitä / mikä?

¿cómo?
miten?

¿dónde?
missä?

¿cuándo?
milloin?

nombre
nimi

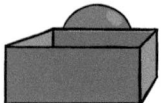

detrás
takana

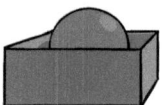

en
sisällä

delante de
edessä

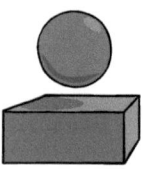

por encima de
yläpuolella

sobre
päällä

debajo de
alapuolella

junto a
vieressä

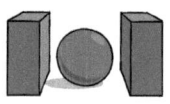

entre
välissä

lugar
paikka